Salvar a las aves migratorias

Ben Nussbaum

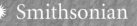
Smithsonian

T0021746

Autora contribuyente

Allison Duarte

Asesores

Brian S. Evans, Ph.D.
Ecólogo
Smithsonian Conservation Biology Institute's Migratory Bird Center

Mary Deinlein, M.S.
Especialista en educación sobre conservación de aves
Smithsonian Conservation Biology Institute's Migratory Bird Center

Sara Hallager
Curadora de aves
Departamento de Ciencias del Cuidado Animal
National Zoological Park

Stephanie Anastasopoulos, M.Ed.
TOSA, Integración de CTRIAM
Distrito Escolar de Solana Beach

Créditos de publicación

Rachelle Cracchiolo, M.S.Ed., *Editora*
Diana Kenney, M.A.Ed., NBCT, *Realizadora de la serie*
Véronique Bos, *Directora creativa*
Caroline Gasca, M.S.Ed., *Gerenta general de contenido*
Smithsonian Science Education Center

Créditos de imágenes: pág.7 (superior) SPL/Science Source; pág.9 (superior) North Wind Picture Archives/Alamy; pág.11 (superior), pág.13 (inferior), pág.14 (todas), pág.15, pág.16 (recuadros), pág.20 (inferior), pág.21 (centro), pág.24 (derecha) © Smithsonian; pág.25 (superior) Jason Smalley Photography/Alamy; todas las demás imágenes cortesía de iStock y/o Shutterstock iStock y/o Shutterstock.

Library of Congress Cataloging-in-Publication Data

Names: Nussbaum, Ben, 1975- author.
Title: Salvar a las aves migratorias / Ben Nussbaum, Smithsonian Institution.
Other titles: Saving migratory birds. Spanish
Description: Huntington Beach, CA : Teacher Created Materials, [2022] | Includes index. | Audience: Grades 4-6 | Summary: "Migration helps birds. They can avoid bad weather and move to places where food is plentiful. But the benefits of migration come at a cost. Migrating birds have to survive long journeys, and they need two safe homes instead of just one. Learn how people are using modern technology to help these long-distance travelers"-- Provided by publisher.
Identifiers: LCCN 2021049466 (print) | LCCN 2021049467 (ebook) | ISBN 9781087644455 (paperback) | ISBN 9781087644929 (epub)
Subjects: LCSH: Migratory birds--Conservation--Juvenile literature.
Classification: LCC QL698.9 .N8718 2022 (print) | LCC QL698.9 (ebook) | DDC 598.156/8--dc23/eng/20211014
LC record available at https://lccn.loc.gov/2021049466
LC ebook record available at https://lccn.loc.gov/2021049467

Teacher Created Materials

5301 Oceanus Drive
Huntington Beach, CA 92649-1030
www.tcmpub.com
ISBN 978-1-0876-4445-5

Contenido

Garzas por todas partes

Cada primavera, una bandada de garzas brujas llega al Zoológico Nacional Smithsonian, en Washington D. C. Las garzas hacen su nido en las copas de los árboles, escogen pareja y crían a los polluelos. El personal del zoológico les da de comer ratones y peces. Las garzas son ruidosas. A veces también huelen un poco mal, pues las crías vomitan para **ahuyentar** a los depredadores cuando se sienten amenazadas.

Las garzas brujas regresan a este lugar cada año desde hace al menos cien años. Poco a poco, el zoológico ha ido creciendo alrededor de estas aves. En agosto o septiembre, las garzas vuelven a irse. Prácticamente de la noche a la mañana, el alboroto de la bandada es reemplazado por un suave silencio.

Siempre ha sido un misterio adónde van las garzas brujas. Pero ahora, las nuevas tecnologías permiten a los científicos ubicar a las aves. En el verano, a algunas garzas les colocan **rastreadores**. Esos dispositivos permiten localizarlas durante su viaje. Los científicos no solo saben dónde pasan el invierno las garzas, sino también cómo llegan allí.

En todo el mundo, los científicos que estudian a las aves están usando tecnología nueva para responder viejas preguntas. Y eso está pasando en el momento justo, ya que muchas aves **migratorias** necesitan ayuda.

Casi la mitad de las **especies** de aves migran.

Una garza bruja atrapa un pez.

Las garzas brujas están activas durante la noche.

garza bruja

Motivos para migrar

Muchos animales se trasladan con el cambio de las estaciones. Las aves son las campeonas del mundo animal cuando se trata de hallar los mejores lugares para vivir según el momento del año.

El pequeño charrán ártico viaja desde el Ártico, en un extremo del globo, hacia la Antártida, en el otro extremo. ¡Es la migración más larga del reino animal! La aguja colipinta marca otro récord. Sobrevuela el océano Pacífico durante ocho días y ocho noches sin detenerse hasta llegar a destino cuando migra de Nueva Zelanda a Alaska.

Otras aves realizan migraciones mucho más cortas. Por ejemplo, algunas pasan el verano en lo alto de una montaña donde el clima es frío, pero pasan el resto del año a una altitud menor.

La migración tiene muchos beneficios. Imagina un lago en el norte de Europa. Durante el verano, está lleno de peces. Densas nubes de insectos flotan en el aire. Los pimpollos florecen y los árboles están verdes. Para las aves acuáticas, como los colimbos y los patos, el lago es un excelente lugar para tener una familia. La comida es abundante, lo cual les permite construir nidos, poner huevos y proteger a sus crías.

En el invierno, el lago se congela. Todas las aves acuáticas ya se han ido lejos, a lugares más cálidos.

aguja colipinta

Rutas migratorias del mundo

- Ruta del Pacífico
- Ruta del Misisipi
- Ruta del Atlántico (América)
- Ruta del Atlántico Oriental
- Ruta del mar Negro y Mediterráneo
- Ruta del este de África y el oeste de Asia
- Ruta de Asia Central
- Ruta del este de Asia y Australia

CIENCIAS

Autopistas migratorias

El camino que toman las aves cuando migran se llama ruta migratoria. En América del Norte, hay cuatro rutas migratorias principales. ¿Cómo saben las aves hacia dónde ir? Usan varios métodos para orientarse. Las aves se guían por las estrellas, el sol y el **campo magnético** de la Tierra para volar en la dirección correcta. También usan puntos de referencia, tales como ríos y montañas. Algunas aves siguen ciertos caminos en los que encuentran alimento, agua y refugio para su largo viaje.

Los pingüinos migran nadando.

Migrar no es fácil. El mal tiempo puede obligar a las aves a desviarse. Las aves tienen que sobrevivir a los ataques de los depredadores y los cazadores. El viaje es tan exigente para su cuerpo que algunas aves mueren de hambre.

Además, algunas aves también se ven afectadas por la contaminación, como la que generan los productos químicos tóxicos. Pueden quedar atrapadas en redes para peces o chocar contra edificios. La pérdida de hábitats también es un enorme problema.

Aunque la mayoría de las especies de aves migratorias no corren riesgo de extinguirse, muchas sufren estrés. Cuando una especie migratoria está en problemas, los conservacionistas se encuentran ante un gran desafío. Proteger la vida de un animal que vive en un solo lugar es difícil. Proteger a un animal que vive en dos lugares distintos es aún más difícil.

Distribución del águila calva

■ residentes
■ migración de verano
■ migración de invierno
  visitas durante la migración

El águila calva es el **emblema** de Estados Unidos, pero muchas de ellas pasan el verano en Canadá antes de migrar al sur.

8

Este grabado en madera de la década de 1870 muestra a unos cazadores disparando contra palomas migratorias.

La paloma migratoria es una especie que se extinguió. Alguna vez fue el ave más común de América del Norte. Las palomas vivían juntas en bandadas enormes, tan grandes que las personas podían verlas pasar en el cielo durante horas en el momento de su migración. En el verano iban hacia el norte. Algunos grupos llegaban hasta Canadá. En el invierno viajaban al sur. Algunos grupos llegaban hasta Florida.

Los granjeros mataban muchas palomas migratorias para proteger sus cultivos. Los cazadores también mataban muchas. Para crear granjas, se talaron bosques de los cuales las palomas dependían. Cuando ya no pudieron vivir juntas en una gran comunidad, las palomas dejaron de hacer nidos y de tener crías. En 1914, murió la última paloma migratoria.

Una rara reinita

Las reinitas de Kirtland son aves pequeñas, pero las personas están haciendo grandes esfuerzos para ayudarlas. Las reinitas pasan el invierno en las Bahamas y el verano en Míchigan y sus alrededores, en un **ecosistema** de pinar poco común y árido. Este es el único lugar en el que las reinitas hacen sus nidos.

Las reinitas de Kirtland necesitan un árbol en particular, que se llama pino de Banks. Esos árboles son comunes en los pinares de Míchigan. Crecen en lugares donde el suelo es seco y **ácido**, normalmente cerca del agua. Los pinares necesitan que haya incendios forestales. Algunas especies de pinos tienen conos de un material ceroso y necesitan del fuego para esparcir sus semillas. A través del fuego, nuevos **nutrientes** ingresan al suelo, y salen a la superficie los que ya estaban allí. Además, el fuego quema los árboles altos, como los robles, y eso crea espacio para que crezcan pinos nuevos.

Cuando las personas empezaron a combatir los incendios forestales, los pinares comenzaron a volverse menos comunes. Sin ese hábitat específico, las reinitas de Kirtland tuvieron muchas dificultades para sobrevivir. Llegó a haber menos de 500 reinitas en todo el mundo, lo cual las convirtió en una especie en peligro de extinción.

Por suerte, las personas se dieron cuenta de lo que estaba pasando. Ahora, los conservacionistas cortan los árboles viejos de los pinares para hacer lugar a árboles nuevos y más sanos. Pero a las reinitas de Kirtland les gustan los pinos que tienen entre 5 y 20 años. Por eso, los conservacionistas deben tener cuidado y dejar también árboles más viejos.

reinita de Nashville

Las reinitas de Nashville, los cuitlacoches rojizos y los gorriones pálidos también viven en el hábitat protegido de las reinitas de Kirtland.

reinita de Kirtland

En Estados Unidos, viven aproximadamente 50 especies de reinitas. Muchas tienen colores vivos.

reinita azulada

pino de Banks

reinita gorjinaranja

Un hábitat único

Hoy en día, las zonas que son el hábitat de los pinos de Banks están reservadas para las reinitas de Kirtland. El trabajo que se hizo para proteger a estas aves ha sido todo un éxito. Ahora hay unas 4,500 reinitas de Kirtland en el mundo. Los científicos del Smithsonian han estado estudiando a estas aves. Han visto con sus propios ojos por qué necesitan los pinares.

Tener crías es mucho trabajo para una reinita. Las reinitas tardan entre cinco y seis días en hacer un nido. Luego, la madre empolla los huevos durante dos semanas. Cuando los polluelos nacen, la madre se queda en el nido 10 días más. El padre y la madre tienen por delante un mes más de trabajo, en el que cuidarán y vigilarán a sus crías mientras exploran el mundo.

Con todo el trabajo que les lleva criar a sus polluelos, las reinitas necesitan un ambiente rico en recursos. En los pinares donde viven las reinitas, hay muchísimos insectos en la primavera. Lo mejor de todo es que los arándanos crecen bien en el suelo ácido de los pinares. A las reinitas de Kirtland les encanta devorar esas bayas.

Los pinares de Míchigan son el ambiente perfecto por otros motivos. En ese hábitat, los pinos crecen bastante juntos. Las reinitas de Kirtland construyen su nido en el suelo. Los pinos bajos y abundantes protegen los nidos. Las pequeñas reinitas pueden esconderse bien porque tienen los mismos colores del ambiente único en el que viven. La gran cantidad de ramas bajas es esencial para las aves más jóvenes, que van saltando por el suelo hasta que finalmente pueden llegar a las ramas de los pinos.

reinitas de Kirtland nacidas hace un día

reinita Kirtland con
un radiotransmisor

Las reinitas de Kirtland
adultas protegen celosamente
a sus polluelos. A veces
simulan que están heridas
para desviar la atención hacia
ellas y salvar a sus polluelos.

polluelo de siete días con
un radiotransmisor

Dejar el nido

Un verano, los científicos les colocaron radiotransmisores a algunas reinitas jóvenes para aprender más sobre su etapa de **volantón**. En esta etapa los polluelos ya han dejado el nido, pero sus padres siguen ayudándolos.

Las aves tenían siete días de vida cuando les pusieron los dispositivos. Cada dispositivo **transmite** en una **frecuencia** distinta. De ese modo, los científicos podían saber la ubicación de cada ave según la señal de radio.

Unos cinco días después de que les colocaron los transmisores, los polluelos dejaron el nido. Unos 35 días más tarde, los dispositivos se quedaron sin batería. Eso ocurrió aproximadamente cuando los polluelos empezaron a ser completamente independientes de sus padres. Más tarde, los transmisores se desprendieron.

Los científicos aprendieron que los volantones no se alejan mucho del lugar donde está su nido. También descubrieron que los primeros días que pasan los volantones fuera del nido son los más peligrosos para ellos.

Los científicos encontraron varias aves enterradas en la tierra. Eso indica que probablemente fueron matadas por gatos. Esas mascotas pueden atrapar fácilmente a los polluelos antes de que aprendan a volar.

Toda esa información es muy valiosa. Ayudará a los científicos a hacer un plan para conservar la salud de las reinitas.

herramientas para rastrear aves

Los científicos del Smithsonian también han rastreado a las reinitas durante su migración. Uno de los métodos que usaron fue colocarles geolocalizadores. Esos dispositivos miden la luz. Con esa información, los científicos pueden calcular la hora exacta de la salida y la puesta de sol cada día que el ave lleva colocado el dispositivo. Así, pueden saber en qué lugar del mundo está el ave.

Los geolocalizadores pesan menos que un clip. Incluso un ave pequeña como la reinita puede llevar uno sin dificultad. Los científicos le colocan un localizador a un ave en el verano, y en el verano siguiente buscan a esa misma ave. Le quitan el dispositivo y descargan la información.

Una científica le quita un geolocalizador a una reinita de Kirtland.

una reinita de Kirtland con un geolocalizador en el lomo

MATEMÁTICAS

Peso liviano

Las aves son animales livianos, así que es importante que los rastreadores también sean livianos. Para los científicos, una de las reglas de oro es que el rastreador nunca debe pesar más del 5 por ciento de lo que pesa el ave. Una reinita de Kirtland pesa unos 13 gramos (0.5 onzas), un poco menos que tres monedas de 5 ¢. Según esta regla, el rastreador de una reinita de Kirtland no debería pesar más de 0.65 g (0.02 oz). Eso es aproximadamente la mitad de lo que pesa un clip.

En algunos casos, los científicos no pueden hallar a las aves a las que les habían colocado el localizador. A veces, los dispositivos se rompen. A pesar de esas limitaciones, la mayoría los localizadores brindan mucha información. Con ellos, los científicos lograron rastrear a las reinitas en sus viajes por primera vez.

Hace poco, los científicos empezaron a usar otro tipo de rastreador para ubicar a las aves. Les colocaron etiquetas de radiofrecuencia. Esas etiquetas envían señales en una frecuencia de radio. Cuando las aves pasan cerca de ciertas torres de radio, las torres captan la señal. Esa señal les dice a los científicos que las aves están cerca de las torres. No les da la ubicación exacta, pero les ofrece una idea general del camino que recorren.

- - - ➤ ruta migratoria de primavera

- - - ➤ ruta migratoria de otoño

Este mapa muestra la ruta migratoria de una de las reinitas de Kirtland que rastrearon los científicos del Smithsonian.

Poder pelícano

El pelícano pardo es un ave grande que vive en zonas costeras. Se zambulle en el océano para atrapar peces con el enorme saco que tiene en el pico. En 1970, entró en la lista de especies en peligro de extinción. Uno de los problemas que enfrentaba eran los **pesticidas**. Los agricultores usaban esos productos para evitar que los insectos atacaran sus cultivos.

Algunos pesticidas son muy tóxicos para los animales. El agua hace que los pesticidas se escurran de las plantas y penetren en el suelo. Con el tiempo, los pesticidas llegan a ríos, lagos y océanos. Los peces absorben esos productos químicos venenosos. Para las aves que comen esos peces, es algo muy malo. El pelícano pardo estuvo a punto de extinguirse, pero se ha **restablecido**.

La mayoría de los pelícanos pardos viven en la costa de los océanos Atlántico y Pacífico. Allí el clima es cálido, y muchas de las aves no necesitan migrar. No se sabe mucho sobre la ruta que siguen los pelícanos pardos que sí migran, ni cuánto dura su migración.

Es importante seguir reuniendo información sobre los pelícanos. De ese modo, los científicos estarán preparados para entrar en acción si los pelícanos corren peligro en el futuro.

polluelos de pelícano pardo en un nido

Un pelícano pardo atrapa un pez.

Distribución del pelícano pardo

residentes

en migración

Los pelícanos pardos pueden vivir mucho tiempo. ¡El pelícano más viejo que se encontró tenía 43 años!

Algunos pelícanos pardos anidan en las islas **pantanosas** de la bahía de Chesapeake, en Maryland. Los científicos del Smithsonian les colocaron rastreadores a cinco de esos pelícanos. Usaron dispositivos de 65 g (2.3 oz.), más o menos lo que pesa una manzana pequeña. Esos rastreadores se cargan con energía solar. Pueden soportar el calor y el frío extremos. Además, dan una increíble cantidad de información. Se comunican mediante el sistema de GPS mundial. Así, permiten localizar a las aves con mucha precisión, con un margen de error de 15 metros (50 pies). Uno de los pelícanos llevaba un rastreador especial que registraba cada vez que se zambullía en el mar.

A medida que llegaba la información del GPS, los científicos la ingresaban en un sitio web. Cualquiera podía entrar al sitio del Proyecto de Conectividad Migratoria para rastrear a los pelícanos. Cada ave aparecía como un punto en un mapa. También se mostraba un historial de los lugares donde habían estado las aves.

En el primer año del estudio, los pelícanos pasaron mucho tiempo en la bahía. Visitaron muchas islas y zonas costeras. En el invierno, no migraron muy lejos. Tres de las cinco aves volaron hacia Carolina del Norte antes de que los rastreadores dejaran de funcionar.

Los científicos del Smithsonian siguen estudiando esta especie. Por lo general, se necesitan muchos años de estudio para comprender un patrón de migración.

Científicos del Smithsonian le colocan un rastreador a un pelícano pardo.

satélite GPS

La investigadora del Smithsonian Autumn-Lynn Harrison sostiene a un pelícano pardo.

estación de radar Doppler

TECNOLOGÍA

Un pronóstico diferente

Los científicos que hacen pronósticos del tiempo usan radares Doppler. Ese tipo de radar funciona enviando ondas de radio que rebotan contra los objetos que están en el camino de las ondas. El eco de algunas de las ondas vuelve hacia las estaciones donde está el radar. La información reunida muestra si hay lluvia o nieve en el aire. Las ondas de radio a veces rebotan en las aves. Normalmente esa información se pasaba por alto. Ahora la usan los conservacionistas. Al descartar la información sobre la lluvia y la nieve, pueden saber cuándo comienzan las migraciones.

Ayuda para las aves

Las personas están ayudando a las aves migratorias de muchas maneras. Un progreso importante es el aumento de los científicos ciudadanos. Cualquiera que se interese por las aves puede formar parte de la comunidad científica. No hace falta tener una formación especial.

Una de las maneras de ayudar es a través de un sitio web llamado eBird. Allí, las personas pueden informar cuándo y dónde fueron a observar aves y qué especies vieron. Como participan muchas personas, la información es muy valiosa para los científicos. Pueden analizarla para saber qué especies necesitan ayuda. La información recolectada en eBird también es muy útil para averiguar qué caminos toman las aves cuando migran.

El instituto Smithsonian también tiene un programa de científicos ciudadanos. Se llama Neighborhood Nestwatch. Personas de varias ciudades registran las aves que ven en sus patios y jardines. Observan los nidos de las aves para determinar cuánto tiempo sobreviven en diferentes medioambientes.

También hay muchas organizaciones que rastrean a las mariposas monarca, otra especie que recorre largas distancias en sus migraciones.

Una mamá mirlo les da de comer a sus polluelos.

monarca nuquinegro

   El proyecto Motus Wildlife Tracking System llevó el concepto de científico ciudadano a otro nivel. Motus rastrea aves y otros animales a través de torres de radio. Muchas de esas torres están en tierras privadas. Las personas se ofrecen voluntariamente a colocarlas y ocuparse de ellas.

   Los estudiantes también pueden ayudar. El proyecto Journey North rastrea a las aves mientras viajan al norte durante la primavera y el otoño. Muchas familias y escuelas participan de Journey North informando sobre las aves que observan.

Otra manera de ayudar es a través de las decisiones que tomamos al comprar. Por ejemplo, la mayoría de las plantaciones de café no son muy buenas para las aves. Se talan bosques para hacer lugar a las plantas de café. El programa Bird Friendly® del Smithsonian trabaja para recompensar a los granjeros que cultivan café a la sombra de árboles altos que les ofrecen refugio y alimento a las aves. Algunas marcas de café llevan la etiqueta "Bird Friendly" [Amigos de las aves] del Smithsonian. Quienes compran este café pueden estar seguros de que proviene de plantaciones que tratan de ayudar a las aves.

Otra manera sencilla de ayudar es evitar que las aves choquen contra las ventanas. Las luces pueden atraer a las aves. Cuando están cansadas, las aves migratorias a veces chocan contra las ventanas altas e iluminadas de los edificios de apartamentos. Para quienes viven en un apartamento, una solución sencilla es apagar las luces por la noche. También hay muchos tipos de cintas y pegatinas que pueden pegarse en las ventanas grandes para proteger a las aves. Pueden comprarse en línea o en tiendas que se especializan en productos para aves.

Cualquiera que tenga un patio o un jardín también puede ayudar a las aves migratorias. Las aves necesitan agua. Un bebedero para aves puede ser un **oasis**. Incluso una piedra ahuecada en la que se junte un poco de agua de lluvia puede ayudarlas muchísimo. Las plantas nativas son excelentes para la vida silvestre. También es importante que haya variedad. Árboles altos y pequeños, arbustos e incluso cantidades pequeñas de hojas secas o madera: todo sirve para crear bonitas casas para los animales, sobre todo para las aves.

plantaciones de café

Robert Rice (en el extremo izquierdo) es el director del programa Bird Friendly del Smithsonian.

ARTE

Fiesta en el jardín

Para diseñar un jardín que atraiga a las aves hay que pensar y planificar un poco. Para empezar, coloca plantas que sean nativas de la zona. Escoge una variedad de plantas que den semillas, frutos o flores y que tengan muchos colores. Tiene que haber varios niveles de plantas, porque algunas aves se alimentan y anidan cerca del suelo, mientras que a otras les gustan las plantas y los árboles más altos. Haz o compra un comedero para aves y asegúrate de que tenga alimento todo el año. ¡Sin duda tu jardín atraerá a algunos amigos emplumados!

Maravillas migratorias

El misterio de la migración de las garzas brujas finalmente se ha revelado. Después de colocarles transmisores a algunas aves, el personal del Zoológico Nacional Smithsonian esperó para ver adónde se dirigían.

Enseguida, una de las aves levantó vuelo. Se dirigió a Carolina del Sur y luego a Florida. Unas dos semanas después de irse del zoológico, el ave abandonó Florida y, unas horas más tarde, aterrizó en Cuba. Los científicos del zoológico siempre habían querido saber cuán al sur llegaban las garzas brujas. Ya tenían la respuesta.

Los transmisores siguieron funcionando en la primavera. Cuando las garzas partieron hacia el norte, el zoológico supo que había comenzado la migración. La ruidosa llegada de las garzas fue tan emocionante como siempre. Pero fue aún más especial porque se había logrado rastrear la llegada de algunas aves.

Las garzas brujas son apenas una de las cuatro mil especies de aves migratorias, que incluyen desde grullas gigantes hasta pinzones diminutos. Algunas de las aves más raras migran, y también algunas de las más comunes. Ayudar a esas viajeras es importante.

Por suerte, las garzas brujas no están en problemas. Los científicos están preparados para ayudar si esa situación cambia algún día. Gracias a la información que tienen ahora, pueden encontrar la mejor manera de tenderles una mano a las aves.

INGENIERÍA

Islas artificiales

Una forma de ayudar a las aves es colocar islas flotantes artificiales en estanques o lagos. Una empresa hace islas de plástico reciclado que pueden cubrirse con plantas. Las raíces de las plantas flotan en el agua a través de agujeros en la isla. Con una soga o una cadena y un ancla la isla se mantiene fija en su lugar. La isla debe tener la **flotabilidad** suficiente para soportar mucho peso. Algunas islas son tan grandes que pueden soportar una mesa de pícnic y varias personas.

migración de tres grullas
brujas etiquetadas

PENSILVANIA

NUEVA
JERSEY

DELAWARE

MARYLAND

ILLINOIS

VIRGINIA
OCCIDENTAL

VIRGINIA

RI

KENTUCKY

CAROLINA
DEL NORTE

TENNESSEE

CAROLINA
DEL SUR

SAS

MISISIPI   ALABAMA   GEORGIA

SIANA

FLORIDA

Smith

Jackson

CUBA

Parker

DESAFÍO DE CTIAM

Define el problema

¡La migración es una misión arriesgada! Las aves migratorias enfrentan muchos desafíos. El estrés, la falta de comida y agua, el clima extremo y los depredadores son grandes peligros. Los científicos y los ingenieros han hallado nuevas formas de monitorear y ayudar a esas aves. Tu tarea es diseñar un modelo de una isla artificial que pueda ofrecerles a las aves un espacio seguro durante su viaje estacional.

 Limitaciones: Solo puedes usar cuatro tipos de materiales para crear tu modelo.

 Criterios: El modelo de tu isla debe flotar en el agua y soportar el peso de cinco arandelas.

Investiga y piensa ideas

¿Qué tipos de factores ambientales provocan que las aves migren? ¿Cómo pueden las personas ayudar a las aves migratorias? ¿Qué tipos de plantas y flores les gustan a las aves?

Diseña y construye

Bosqueja el diseño de tu isla artificial. ¿Qué propósito cumple cada parte? ¿Cuáles son los materiales que mejor funcionarán? Construye el modelo.

Prueba y mejora

Prueba tu modelo en el agua. Coloca las arandelas sobre la superficie del modelo. ¿Funcionó? ¿Cómo puedes mejorarlo? Modifica tu diseño y vuelve a intentarlo.

Reflexiona y comparte

¿Qué tipos de materiales puedes usar para hacer un modelo más resistente? ¿De qué otras maneras puedes probar tu modelo? ¿Se te ocurren otros usos para las islas artificiales?

Glosario

ácido: un tipo de suelo que contiene productos químicos potencialmente dañinos que pueden afectar la vida de las plantas

ahuyentar: hacer huir a un animal

campo magnético: una región invisible alrededor de un objeto magnético que produce efectos sobre otros objetos cercanos

conservacionistas: personas que quieren proteger la naturaleza y los animales

ecosistema: la comunidad de seres vivos y cosas sin vida que hay en un medioambiente en particular

emblema: un símbolo

especies: grupos de animales que son de un mismo tipo y que pueden producir crías juntos

extinguirse: dejar de existir

flotabilidad: la capacidad de flotar en el agua o en el aire

frecuencia: una longitud de onda determinada en la cual puede transmitirse el sonido

hábitats: zonas en las que viven plantas o animales

migratorias: aves que van de un lugar a otro en un patrón que se repite

nutrientes: sustancias que ayudan a las personas, los animales o las plantas a crecer

oasis: algo que ofrece alivio o un cambio agradable

pantanosas: húmedas, cenagosas

pesticidas: productos químicos que se usan para matar insectos y plantas

rastreadores: dispositivos que permiten encontrar la ubicación de algo

restablecido: recuperado

tóxicos: venenosos

transmite: envía información

volantón: un ave que ha dejado el nido pero todavía no es completamente independiente

Índice

¿Quieres ayudar a las aves migratorias?
Estos son algunos consejos para empezar.

"Las dos cosas que más me gustan en la vida son las aves y hablar sobre aves. Estoy organizando un festival sobre aves migratorias con actividades muy divertidas. Todos los días desempeño muchos papeles: soy maestra, creadora, inventora y observadora de aves". —*Mary Deinlein, especialista en educación del Centro de Aves Migratorias del Smithsonian*

"La primera vez que supe que quería estudiar las aves y la vida silvestre fue cuando tenía seis años. Fue después de un encuentro cercano e íntimo con un carbonero cabecinegro. Ahora viajo por Centroamérica, Sudamérica y el Caribe para estudiar las aves y sus hábitats". —*Pete Marra, científico especializado en conservación y director del Centro de Aves Migratorias del Smithsonian*